L'OBSERVATEUR

IMPARTIAL.

Prix, 3o centimes.

PARIS,

Chez CORRÉARD, libraire, Palais-Royal, galerie de bois.

6 mai 1820.

L'OBSERVATEUR

IMPARTIAL.

—

1.

Si l'on dénonce au ministère une vaste conspiration formée contre les lois ; si on lui apprend que dans un endroit de la France on reconnaît *un autre roi que le roi lui-même ;* que dans ce lieu les lois sont sans force , que les juges reculent devant les criminels, qu'une population factieuse est en armes , et n'attend qu'un signal pour se livrer aux plus grands excès; si l'on apprend aux ministres qu'un autre gouvernement que le gouvernement du roi exerce l'autorité sur ce point, et cherche à s'établir par tout le royaume; si, en preuve de l'existence de ce gouvernement conspirateur, on produit quelques-uns de ses actes; si l'on force enfin les ministres à avouer par leur silence qu'ils savaient depuis long-temps ce que, par égard pour eux, on feignait de leur apprendre ; bagatelle que tout cela, vous disent-ils : il s'agit bien de nous occuper d'un gouvernement secret , d'une conspiration contre les lois , contre le roi ; il s'agit bien de mettre des Français dévoués aux institutions, à l'abri des fureurs de quelques milliers de factieux organisés ; bien d'autres soins nous occupent.

Et d'ailleurs ce gouvernement secret n'est pas si diable que vous le faites noir, et nous saurons bien nous arranger avec lui. Quant à vous autres qui criez si haut, vous vous en tirerez comme vous pourrez; ce n'est pas ce qui nous importe. Et puis encore, quand vous nous prouveriez que le danger est aussi grand que vous le prétendez, nous vous dirions que nous ne pouvons pas être partout à la fois, que nous devons d'abord pourvoir au plus pressant; or, le plus pressant, c'est d'arrêter ces souscriptions que l'on ouvre par toute la France à l'instar de celle de Paris, et peut-être de connivence avec les fondateurs de celle-ci; voilà qui constitue un véritable danger, voilà véritablement un gouvernement usurpateur; et celui-là est d'autant plus effrayant, qu'il ne se cache pas, qu'au contraire il affecte de se montrer; donc il est fort, ou il croit l'être. Que veut le gouvernement secret dont vous nous parlez? il ne demande pas autre chose que la faculté d'*arracher* d'auprès du roi les ministres qui conviennent à sa majesté, et dans l'occasion, de suppléer aux lois par le savoir faire de Trestaillons et compagnie: quel mal peut-on voir à cela? Mais le gouvernement des souscriptions a bien d'autres prétentions: il ne tend rien moins qu'à empêcher les *prévenus* de machinations, et leurs familles, de mourir de faim: voilà ce qui menace *la religion, la morale, la monarchie et toute combinaison sociale.* Car si nous avons demandé, dans le dessein d'en user, la faculté de laisser mourir de faim les machinateurs et leurs familles, c'est qu'apparemment cela intéressait *la religion, la morale, la monarchie et toute combinaison sociale;* que si nous n'avons pas eu le dessein d'user de cette faculté, c'est que nous avons voulu qu'en nous l'accordant, on nous donnât une preuve de confiance, et que la nation apprît par une loi, ou qu'elle avait confiance en nous, ou qu'elle nous devait cette confiance. Or, un acte qui, comme la souscription dont il s'agit, suppose de la part de ses auteurs un sentiment tout contraire, tend évidemment à détruire la *combinaison sociale* la plus parfaite, celle où la confiance dans les ministres supplée à toutes ces garanties d'invention révolutionnaire, si gênantes pour des hommes d'état, qui, comme nous, s'estiment ce qu'ils valent. Donc, tous nos soins doivent se diriger d'abord contre les souscriptions dites *nationales*, parce qu'elles menacent ce qui nous intéresse au plus haut degré, le système de confiance.

Je ne veux pas prétendre que ce soit là, mot pour mot, le langage des ministres; mais je pense que c'est une traduction assez fidèle de leurs discours et de leur conduite. Nous les avons vus garder une contenance très-froide, quoique assez embarrassée, il est vrai, aux révélations du courageux magistrat de Nîmes; nous les avons vus répondre, presque dédaigneusement, aux confirmations que ces terribles révélations reçurent à la tribune, et nous ne voyons pas aujourd'hui qu'ils s'en inquiètent beaucoup. Mais d'un autre côté, nous avons vu toutes leurs foudres gronder sur une association philanthropique; aux seuls mots de *souscription nationale*, nous avons vu tous les agens du pouvoir, qui, depuis si long-temps, paraissaient engourdis, sortir tout à coup de leur léthargie *systématique;* et, rappelant leur antique vaillance, mettre en accusation les fondateurs d'une souscription de bienfaisance, et saisir de toutes parts les ouvrages qui l'avaient annoncée ou qui avaient entrepris de la justifier. Nous les voyons encore poursuivre le même objet avec le même zèle, sur tous les points de la France; nous les voyons, notamment à Lyon, déployer toute l'activité imaginable pour connaître l'imprimeur qui a été assez hardi pour prêter son ministère au projet formé par quelques citoyens, de se cotiser pour donner du pain aux enfans des prévenus de machinations, et nous devons croire que s'ils ne parviennent pas à le découvrir, ce ne sera pas à défaut de soins.

Ici, je ferai un reproche à mes compatriotes de Lyon : pourquoi, dans cette circonstance, ont-ils cru devoir se cacher ? n'ont-ils pas, par là, fourni aux malveillans un prétexte pour incriminer leur action ? Ces généreux citoyens savaient bien, sans doute, qu'ils ne faisaient rien que de très-louable ; et je devine, moi, les motifs des précautions qu'ils ont prises : ils ne craignaient pas pour eux, ils ne craignaient pas pour leur réputation, dont l'intérêt les eût engagés, au contraire, à la publicité ; mais ils craignaient des entraves qui, bien qu'injustes, pouvaient empêcher ou diminuer le bien qu'ils se proposaient. Leurs motifs sont louables ; mais ils auraient dû penser que si les devoirs que l'humanité impose, sont sacrés, c'est aussi un devoir sacré dans les circonstances où nous sommes, que d'oser user de ses droits.

Mais je reviens : Pourquoi les ministres prennent-ils si peu d'alarme du gouvernement secret, et de la fermentation qu'il entretient ? et pourquoi une simple association de bienfaisance leur en cause-t-il tant ? La raison en est simple : c'est que le gouvernement secret veut ce que les ministres veulent, ou pour parler plus exactement, c'est que les ministres veulent tout ce que veut le gouvernement secret ; voilà pourquoi loin de s'en effrayer, ils souffrent des imputations dont il est l'objet ; que si au contraire les ministres s'élèvent avec tant de force contre les souscriptions ouvertes en faveur de ceux que l'arbitraire doit atteindre, c'est que ces souscriptions représentent une opposition, et qu'elles sont une censure publique des rigueurs dont le ministère a voulu absolument qu'on l'armât.

Nous devons donc uons attendre à ce que les ministres

emploient tous leurs moyens pour empêcher les souscrip-tions, et pour effrayer les citoyens qui auraient l'intention d'y prendre part.

Mais comme un acte de bienfaisance ne peut, dans aucun cas, constituer une résistance aux lois, et comme la société ne peut jamais souffrir d'un tel acte, j'engage fortement mes concitoyens à souscrire, et je leur rappelle que leurs offrandes seront toujours reçues chez l'honorable M. La-fitte, dont le nom devrait suffire ici pour rassurer les consciences les plus scrupuleuses.

II.

Il faut des principes.

On a vu des écrivains avides de renommée, chercher à se faire un nom en défendant les paradoxes les plus ex-traordinaires, avec de l'esprit. Il n'est pas de proposition aussi bizarre et aussi absurde qu'on la suppose, à laquelle on ne puisse donner une ombre de raison, à l'aide de raisonnemens captieux et de sophismes subtilement colo-rés. Ces écrivains ressemblent à ces hommes doués par la nature de facultés physiques peu communes, qui s'exer-cent à faire des tours de force et d'agilité : on les applau-dit ; mais, au fond, on est bien loin de les estimer. Il est d'autres écrivains qui embrassent des erreurs de bonne foi; dupes des illusions de leur esprit ou de leur cœur, ils combattent pour leurs chimères, comme Don Quichotte combattait pour la dame de ses pensées qu'il n'avait ja-mais vue. Par exemple, je crois que Rousseau est de bonne foi dans tous ses immortels ouvrages, où il soutient que les arts et les sciences sont des amusemens frivoles et pernicieux ; je crois encore (pardonnez-moi cette brusque transition) que le *Drapeau blanc* est de bonne foi lorsqu'il se déclare le champion des *préjugés*. Il faut des préjugés ; telle est la thèse qu'il soutient. Je ne pense pas qu'il ait rien prouvé pour les hommes dépouillés de préjugés, et quant à ceux qui en sont infectés , il n'est pas besoin de leur en démontrer la nécessité. Je voudrais bien savoir ce que les ultrà entendent par préjugés. Certains philosophes sceptiques , et parmi eux on ne trouve ni Socrate , ni Platon chez les Grecs , ni Caton et Cicéron chez les Romains, ni Voltaire et Rousseau chez les Français modernes; certains philosophes , dis-je, ont prétendu que l'idée de a divinité à laquelle, sous différens noms , tous les peuples ont rendu hommage , n'était qu'un préjugé enfant du mensonge; ils ont prétendu que les rapports de justice et de charité qui unissent tous les hommes entre eux, étaient des préjugés de l'éducation. Je m'arrête... Ah! sans doute, si le culte que l'homme rend à l'Être des êtres est un préjugé, il faut le respecter.

« Si Dieu n'existait pas, il faudrait l'inventer »,

a dit cet écrivain célèbre, dont la plume ingénieuse n'a cessé de combattre les préjugés, jusqu'à ce que la mort ait glacé la main qui savait si bien s'en servir.

Ah! sans doute, si les notions du juste et de l'injuste n'étaient que des préjugés , on serait coupable de chercher à les détruire; si les liens de famille, si l'amour de la patrie étaient des préjugés , ils seraient utiles , nécessaires ; et celui qui parviendrait à les ébranler , à les déraciner devrait être dévoué à la haine du genre humain. Repoussons cette philosophie désolante qui est à la véritable sagesse ce que le fanatisme est à la religion. Ecoutons la voix de la conscience qui est le guide le plus sûr que nous puissions suivre. Elle nous dit qu'un être supérieur nous a placés sur cette terre pour y jouir librement des biens qu'elle nous offre avec tant de libéralité ; elle nous dit que nous devons aimer nos semblables , et les aider dans le besoin ; elle nous dit qu'il ne nous a créés faibles et dépendans les uns des autres que pour adoucir le poids de nos misères et serrer les liens qui nous unissent.

Ainsi je n'appellerai point préjugés les devoirs de la religion et de la morale. Malheur au peuple qui n'aurait aucune religion et aucune morale ! Ce serait un préjugé bien affreux celui qui dispenserait les malheureux humains d'être justes et bienfaisans ! Que des hypocrites nous accusent de vouloir élever un hideux athéisme sur la ruine des idées religieuses, nous méprisons leurs calomnies : Socrate fut condamné à boire la ciguë pour avoir manqué de respect aux dieux. Que des méchans nous accusent d'irriter les passions pour exciter les hommes à s'entr'égorger, nous n'opposerons à leurs vaines déclamations que le silence du mépris. Il faut des principes, je le répète , mais non pas des préjugés.

Les préjugés sont des opinions fausses , qu'un long espace de temps a consacrées dans l'esprit d'une nation. Il y en a une infinité, mais je ne parlerai que de deux espèces bien distinctes, que j'appellerai préjugés religieux et politiques. Les préjugés religieux sont aussi anciens que le monde , et les autres ne le sont guère moins. C'était un préjugé bien atroce celui qui faisait croire aux hommes que l'offrande du sang humain était une libation agréable à la divinité. Ce préjugé funeste était consacré chez les Ammonites, chez les Carthaginois , et chez les anciens habitans des Gaules , nos ancêtres. La religion chrétienne, qui partout prêche la modération et la douceur, n'a jamais approuvé ces abominables sacrifices; jamais elle n'a immolé des victimes humaines en signe d'expiation , mais cependant elle a été le prétexte de guerres cruelles, et de massacres plus odieux encore. L'église a eu aussi ses prisons, ses geoliers et ses bourreaux, au mépris de cette sage maxime : *Ecclesia abhorret à sanguine.* Tous ces excès ont eu lieu par un préjugé funeste, heureusement fort affaibli, qui faisait croire aux hommes que la divinité leur savait gré de sévir contre les prétendus blasphèmes de ceux qui ne partageaient point leurs croyances, et qu'elle leur avait remis le soin de les punir dans ce monde, des fautes qu'ils devaient expier dans l'autre. A Dieu ne plaise que ce préjugé barbare revive parmi nous ; à Dieu ne plaise que des poignards catholiques aillent encore percer le sein des protestans. Que tous les citoyens divisés de communions, participant aux mêmes charges, participent également aux mêmes bénéfices ; que tous les cultes obtiennent même protection et même faveur, tant qu'ils n'enseigneront rien de contraire aux lois et à la morale publique : voilà les principes qu'il faut adopter, voilà comment il faut repousser l'intolérance religieuse, qui bientôt nous ramenerait l'intolérance politique.

Un préjugé dont l'origine se perd dans la nuit du temps, est celui qui a introduit l'esclavage domestique. On ne sait point quel est le premier insensé qui a dit à son semblable : Tu m'appartiens, je suis ton maître, et tu es mon esclave ; je te ferai ployer sous les plus lourds fardeaux ; je te ferai périr sous le bâton, et tu n'auras pas le droit de te plaindre. On ignore quel est le premier imbécille qui a pu accepter un contrat où tout était à la charge d'une partie, et tout à l'avantage de l'autre. Plusieurs publicistes ont fait descendre l'esclavage du droit de la guerre, qui permettait au vainqueur de se défaire de son ennemi vaincu ; mais ce prétendu droit n'est encore qu'un atroce préjugé ; et d'ailleurs ce droit fût-il legitime, l'esclavage n'en serait pas moins absurde , comme l'a très-bien démontré l'immortel auteur du *Contrat social*. Montesquieu fait honneur à la religion chrétienne d'avoir aboli l'esclavage en Europe ; et si j'ai bien saisi l'esprit de l'Evangile, je crois en effet que ce code qui rappelle aux hommes, à chaque page, que sortis de la même poussière, ils doivent rentrer dans la même poussière, a beaucoup contribué à l'abolition de la servitude. Mais comment se fait-il que cette même religion , qui a affranchi l'Europe, ait toléré pendant si long-temps cet infâme commerce des Européens, qui allaient chercher dans le cœur et sur la côte d'Afrique, des malheureux condamnés à traîner la charrue sous un ciel étranger, ou à s'ensevelir dans les entrailles de la terre pour satisfaire l'insatiable avidité de leurs tyrans. Il était réservé à notre siècle , qui a fait main basse sur tant de préjugés , de voir cesser cette honteuse traite consacrée par des traités plus honteux encore ; si l'égoïsme de quelques particuliers en a gémi, tous les hommes généreux ont applaudi à cet acte de justice, et, grâce à la philosophie , nous avons un préjugé de moins.

J'ai parlé de l'esclavage domestique, je dois parler maintenant de ce préjugé plus odieux encore, qui soumet plusieurs millions d'hommes aux caprices et aux fantaisies d'un seul, ou d'un petit nombre d'individus. L'esclavage politique a pesé sur les quatre parties du monde; mais il n'a régné qu'à la faveur de l'ignorance ou des préjugés, ce qui est à peu près la même chose. Des imposteurs habiles ont dit aux nations : Le ciel nous a donné l'empire de la terre; et puisque nous sommes ici-bas les images de Dieu, vous devez recevoir avec la même docilité et la même reconnaissance les bienfaits et les châtimens de vos maîtres. Les peuples aveuglés ont cru long-temps à ces mystères de la politique des gouvernemens; mais lorsqu'ils se sont avisés de réfléchir sur les devoirs qu'on leur imposait, lorsque le flambeau de la philosophie est venu éclairer l'origine des droits des gens, lorsque les nations ont osé demander à leurs maîtres le contrat par lequel l'Etre suprême les fondait de pouvoirs pour disposer de ce que les hommes ont de plus cher sans aucune responsabilité; le prestige s'est évanoui : on s'est aperçu que les dogmes que, jusqu'alors on n'avait pas eu la curiosité de sonder, n'étaient que des préjugés inventés pour le profit du petit nombre. Dès lors les peuples ont demandé le rétablissement de leurs droits imprescriptibles, et les états sont devenus plus florissans. Les souverains qui ont volontairement abandonné leurs trônes vermoulus pour se placer sur le trône constitutionnel ont eu plus de pouvoir et sont devenus plus chers à leurs sujets. A juger de l'état moral de l'Europe, il est aisé de prévoir qu'à l'exception de la Turquie, elle sera bientôt toute constitutionnelle. Il y a cependant une classe d'hommes intéressés à lutter contre l'impulsion du siècle ; mais ils seront obligés de céder un peu plus tôt ou un peu plus tard : voilà ce qui ne peut être douteux. Il n'est point de barrière ou de montagne qui puisse empêcher les racines de la liberté de pénétrer dans les pays disposés à la recevoir. Ces hommes qui sont en opposition avec leur siècle, sont ceux qui veulent maintenir des abus qui leur sont profitables ; ce sont ceux-là qui nous disent qu'il faut des préjugés. Sans doute ils sont nécessaires au triomphe de leur cause ; mais je ne crois point qu'ils soient utiles au bonheur du genre humain. Des principes clairs et précis fondés sur cette justice éternelle que tous les hommes trouvent dans leur conscience, s'ils ne sont point aveuglés par le bandeau des passions, me semblent infiniment préférables à des *us* et des coutumes qui ne sont plus en harmonie avec les nouveaux besoins des peuples.

III.

Quoique les détails contenus dans la lettre suivante, se rapportent à une lutte dont le dénouement est déjà connu, je crois devoir la publier parce qu'elle contient des faits auxquels la censure ne permettrait de donner aucune publicité dans les journaux des départemens ou de Paris.

Notre combat électoral continue, le scrutin d'hier n'ayant pas donné de résultats.

Onze voix ont manqué au candidat libéral (M. Tesseire), et vingt-huit à l'honnête ultrà. Ce sont les amis de M. Augustin Perrier, candidat mis en avant exprès, qui ont pour ainsi dire ruiné l'élection de M. Tesseire, parent de M. Perrier.

Les prétendus honnêtes gens, d'abord découragés par suite de la formation des bureaux, qui ne leur est pas favorable, se sont réjouis du peu d'accord entre les deux parens susdits ; et maintenant ils se flattent de réussir, parce qu'ils ont pour eux les misérables intrigues de l'autorité. On se conduit en effet, et on use du pouvoir de la manière la plus indigne.

On offre des cartes d'électeurs à ceux dont les titres n'ont pas encore été reconnus ; et l'on vient, dit-on, d'en remettre à plusieurs autres personnes qui, de notoriété publique, n'ont aucun droit pour l'être.

Parmi ces électeurs intrus, il en est qui ne paient pas cinquante francs de contributions.

Tous les fonctionnaires sont rigoureusement surveillés ; plusieurs ont été dénoncés, et tous menacés de destitution, s'ils ne contribuent pas à la nomination de l'ultrà. Déjà la confiance a été retirée à M. Royer, l'un des conseillers de préfecture ; l'on assure à ce sujet que le préfet a remis à ce digne et intègre citoyen, une destitution *en blanc*. Si le fait est tel, il est évident qu'on veut nous gouverner à la turque. On veut réussir par *fas* et *nefas*. Ce qui révolte le plus, c'est de voir que précisément le parti qui parle sans cesse de religion, ose ainsi fouler aux pieds, je ne dis pas seulement les bienséances, mais toutes les lois divines et humaines.

J'ai cru, mon cher ami, devoir vous donner ces détails, pour que vous ne soyez pas surpris en apprenant la nomination de l'ultrà, si elle a lieu ce soir, comme tout porte à le faire croire.

Quoi qu'il en soit, les libéraux continueront de se montrer calmes et prudens.

P. S. J'avais oublié de vous dire qu'un grand nombre de bons électeurs n'ont pas été compris dans les listes, sous différens prétextes, ce qui est cause que le total n'est que d'environ sept cents. Les affaires de la campagne, et la crainte, en ont d'ailleurs tenu éloignés beaucoup d'autres.

Vienne, le 27 avril 1820.

Le dépouillement des votes au deuxième tour du scrutin a eu lieu hier à quatre heures de l'après midi, et a dissipé mes inquiétudes, et j'ai le plaisir de vous apprendre la nomination de M. Tesseire, candidat national qui a réuni deux voix de plus que la majorité absolue. Ainsi malgré les intrigues de l'autorité, malgré les actes les plus illégaux et les plus arbitraires du pouvoir préfectoral , la victoire est restée aux amis de la patrie et du trône constitutionnel. A peine le résultat du scrutin a-t-il été connu qu'on a vu disparaître comme de la poussière ces superbes aristocrates à *jambes fines* qui , le matin, se promenaient fiers sur nos places publiques , et dont les gestes et les regards paraissaient annoncer un triomphe assuré , parce que l'on comptait sur le moyen impudemment mis à exécution , celui de procurer des cartes d'électeurs à des individus non électeurs. Quelques-uns de ces intrus bien connus de leurs concitoyens, ont eu honte de se présenter dans les sections qui leur avaient été indiquées , et ils ont montré par là qu'ils avaient quelque sentiment d'honneur, et plus de morale que ceux qui sont chargés de la faire respecter. Ce sont d'indignes fonctionnaires que le gouvernement devrait s'empresser de rendre à la vie privée , s'il veut que toutes leurs turpitudes ne retombent sur luimême.

Vous verrez, en détail, mon cher ami, dans les brochures qui seront imprimées , toutes les hideuses manœuvres qu'on a employées pour faire passer le candidat des ultrà. La douleur du préfet doit être bien grande , il ferait bien de solliciter son changement. L'attitude des partisans du trône constitutionnel a été prudente et calme. S'ils se sont réjouis du triomphe obtenu , ils l'ont fait avec décence. Point de bruit, point de ces cris immodérés qui irritent les esprits et blessent les amours propres, point de propos indiscrets , et enfin , point d'éclat : seulement on a cru qu'il était convenable de donner une sérénade sous les fenêtres du nouveau député, et c'est ce qu'on a fait hier au soir aux cris de vive le Roi ! vive la Charte ! vive le côté gauche ! On a donné aussi des sérénades à l'avocat Latour de Vienne , et à MM. Dupont Lavalette et Duchesne de

Grenoble qui ont été les principaux auteurs du triomphe du parti libéral.

A l'heure où je vous écris, la ville est presque déserte comparativement à ce qu'elle a été pendant le combat électoral.

IMPRIMERIE DE MADAME JEUNEHOMME-CRÉMIÈRE,
RUE HAUTEFEUILLE, n° 20.